ORDONNANCE DU ROI,

Concernant les Régimens d'Infanterie Allemande qui sont à son service.

Du 18 Janvier 1760.

DE PAR LE ROI.

S A MAJESTÉ s'étant fait rendre compte de la composition des régimens de son Infanterie Allemande ; & ayant reconnu que quelques-uns de ces régimens sont trop foibles pour pouvoir se soûtenir en campagne & y servir utilement, Elle a résolu d'augmenter ceux qu'Elle a jugé à propos de conserver sur pied, en y incorporant plusieurs régimens de cette nation : Et en conséquence, Elle a ordonné & ordonne ce qui suit.

ARTICLE PREMIER.

LES régimens d'Alsace, d'Anhalt, de la Marck, Royal-Suédois, Royal-Bavière, Nassau & Royal-Deux-Ponts, seront conservés sur pied.

Régimens conservés.

A

I I.

LES régimens de Lowendal, Bergh, Saint-Germain, la Dauphine, & celui de Royal-Pologne, feront fupprimés & incorporés ; favoir, le régiment de Bergh dans celui d'Alface, le premier bataillon du régiment de Lowendal dans celui d'Anhalt, le fecond bataillon du même régiment dans celui de la Marck, le régiment Royal-Pologne dans celui de Royal-Suédois, le régiment de la Dauphine dans celui de Royal-Bavière, & le régiment de Saint-Germain dans celui de Naffau.

I I I.

Compofition.

AU moyen de cette incorporation, le régiment d'Alface fera dorénavant compofé de quatre bataillons, & chacun des régimens d'Anhalt, la Marck, Royal-Suédois, Royal-Bavière & Naffau, feront compofés de trois bataillons, le régiment Royal-Deux-Ponts fera réduit à trois bataillons, & chaque bataillon aura la même compofition que ceux des autres régimens.

I V.

CHAQUE bataillon defdits régimens, fera compofé de neuf compagnies, dont une de Grenadiers de cinquante-deux hommes, & huit de Fufiliers de foixante-dix-neuf hommes.

V.

Appointemens & folde.
Compagnie de Grenadiers.

CHAQUE compagnie de Grenadiers fera compofée d'un Capitaine, un Lieutenant, un Sous-lieutenant, deux Sergens, un Fourrier, quatre Caporaux, deux Appointés, quarante-deux Grenadiers & un Tambour ; & payée à raifon par jour de fix livres au Capitaine, cinquante-trois fols quatre deniers au Lieutenant, quarante fols au Sous-lieutenant, vingt fols au premier Sergent, treize fols au fecond Sergent, dix fols au Fourrier, huit fols à chacun des quatre Caporaux & au Tambour, fept fols fix deniers à chacun des deux Appointés, & fix fols fix deniers à chacun des quarante-deux Grenadiers.

V I.

L'INTENTION de Sa Majefté eft que le premier

Factionnaire de chaque bataillon soit pourvû de la compagnie de Grenadiers, & que lorsqu'il manquera des Grenadiers, ils soient remplacés sur le champ par des sujets que le Capitaine de Grenadiers choisira dans les compagnies de Fusiliers, chacune à leur tour, sans qu'il soit tenu de rien payer: Veut aussi Sa Majesté que les quatre Caporaux, les deux Appointés & les quarante-deux Grenadiers soient distribués en quatre escouades de douze hommes chacune, y compris un Caporal dans chacune, & un Appointé dans chacune des deux premières, & que ces quatre escouades forment deux divisions, à chacune desquelles il sera attaché un Officier qui en répondra.

V I I.

Compagnie de Fusiliers.

CHAQUE compagnie de Fusiliers sera composée d'un Capitaine, un Lieutenant, un Sous-lieutenant, quatre Sergens, un Fourrier, huit Caporaux, quatre Appointés, soixante Fusiliers & deux Tambours; & payée sur le pied par jour; savoir, aux Capitaines des deux premières compagnies, à raison de cinq livres six sols huit deniers à chacun; aux Capitaines des deux compagnies qui suivront par leur rang, à raison de cinq livres à chacun; aux Capitaines des quatre dernières compagnies, à raison de quatre livres treize sols quatre deniers à chacun; à chaque Lieutenant, cinquante sols; à chaque Sous-lieutenant, trente-trois sols quatre deniers.

A l'égard des Sergens, Caporaux, Appointés, Fusiliers & Tambours desdites compagnies de Fusiliers, ils seront payés sur le pied par jour de vingt sols au premier Sergent, douze sols à chacun des trois autres, neuf sols au Fourrier, sept sols à chacun des huit Caporaux & des deux Tambours, six sols six deniers à chacun des quatre Appointés, & cinq sols six deniers à chacun des soixante Fusiliers. Veut Sa Majesté que les huit Caporaux, les quatre Appointés & les soixante Fusiliers de chaque compagnie, soient distribués en huit escouades de neuf hommes chacune, y compris un Caporal dans chacune, & un Appointé dans chacune des quatre premières, & que ces huit efcouades forment deux divifions; à chacune defquelles il fera attaché un Officier qui en répondra : défendant Sa Majefté de détourner aucun Officier, Bas-officier & Soldat, des fonctions qui leur font affectées par la préfente ordonnance.

V I I I.

DÉFEND Sa Majefté aux Capitaines de Grenadiers ou de Fufiliers, d'établir dans leurs compagnies, fous quelque prétexte que ce puiffe être, un plus grand nombre de hautes-payes que celui réglé par les articles V & VII de la préfente ordonnance.

I X.

LES Colonels titulaires, les Lieutenans-colonels & les Commandans de bataillon, continueront d'avoir des compagnies, & il en fera auffi donné aux Colonels-commandans.

X.

LES Commandans de bataillon feront compris, pour leurs appointemens, dans la claffe des premiers Capitaines; mais les Colonels, les Colonels-commandans & les Lieutenans-colonels ne feront compris pour leurs ap-pointemens de Capitaines que dans la claffe des derniers Capitaines.

X I.

IL fera établi dans chaque compagnie Colonelle, Colonelle-commandante, Lieutenante-colonelle & Com-mandante de bataillon, un Capitaine-lieutenant, pour fuppléer au fervice de ces Officiers fupérieurs ; ces Capitaines-lieutenans feront choifis, tant qu'il y aura des Capitaines en fecond, parmi ceux d'entre eux auxquels on aura reconnu plus de zèle & d'attachement au fervice ; chacun de ces Capitaines-lieutenans fera payé à raifon de quatre livres par jour, & aura le rang & les préro-gatives des Capitaines en pied.

X I I

AU moyen de l'établiffement d'un Capitaine-lieute-nant dans chaque compagnie Colonelle, les Lieutenans des compagnies Colonelles ne feront plus d'autre service que celui de Lieutenans : Veut cependant Sa Majesté que les Lieutenans des compagnies Colonelles qui ont commission de Capitaines, continuent de faire le service de Capitaines, tant qu'ils existeront, ou jusqu'à ce qu'ils soient montés à leur tour à des compagnies ; son intention étant qu'ils ne soient remplacés alors que par des Lieutenans auxquels il ne sera plus accordé de commissions pour tenir rang de Capitaines.

X I I I.

L'ÉTAT-MAJOR du régiment d'Alsace sera composé d'un Colonel, un Colonel-commandant, un Lieutenant-colonel, trois Commandans de bataillon, un Major, quatre Aides-majors, quatre Sous-aides-majors, huit Enseignes pour porter les drapeaux, à raison de deux par bataillon, deux Interprètes, un Aumônier, un Chirurgien, un Auditeur, un Prevôt, un Greffier, un Tambour-major, deux Archers & un Exécuteur ; & payé à raison par jour, de trente-trois livres six sols huit deniers au Colonel ; seize livres treize sols quatre deniers au Colonel-commandant, huit livres six sols huit deniers au Lieutenant-colonel, quarante sols à chaque Commandant de bataillon, indépendamment de leur traitement de Capitaine ; dix livres au Major, quatre livres à chaque Aide-major, trois livres six sols huit deniers à chacun des Sous-aides-majors, une livre six sols huit deniers à chaque Enseigne-porte-drapeau, trois livres six sols huit deniers à chacun des premier & second Interprètes, trente sols à l'Aumônier, trente-trois sols quatre deniers au Chirurgien, pareils trente-trois sols quatre deniers à l'Auditeur, vingt-six sols huit deniers au Prevôt, treize sols quatre deniers au Greffier, pareils treize sols quatre deniers au Tambour-major, & douze sols à chacun des deux Archers & à l'Exécuteur.

X I V.

L'ÉTAT-MAJOR de chacun des régimens d'Anhalt, la Marck, Royal-Suédois, Royal-Bavière & Nassau, sera compofé d'un Colonel, un Colonel-commandant, un Lieutenant-colonel, deux Commandans de bataillon, un Major, trois Aides-majors, trois Sous-aides-majors, fix Enfeignes pour porter les drapeaux, à raifon de deux par bataillon, deux Interprètes, un Aumônier, un Chirurgien, un Auditeur, un Prevôt, un Greffier, un Tambour-major, deux Archers & un Exécuteur; & payé par jour fur le pied réglé par l'article XIII pour les Officiers de l'État-major du régiment d'Alface.

X V.

L'ÉTAT-MAJOR du régiment Royal-Deux-Ponts fera compofé d'un Colonel-lieutenant, un Colonel-commandant, un Lieutenant-colonel, deux Commandans de bataillon, un Major, trois Aides-majors, trois Sous-aides-majors, fix Enfeignes pour porter les drapeaux, à raifon de deux par bataillon, un Interprète, un Aumônier, un Chirurgien, un Auditeur, un Prevôt, un Greffier, un Tambour-major, deux Archers & un Exécuteur; lefquels feront payés par jour fur le pied réglé par l'article XIII pour les Officiers de l'État-major du régiment d'Alface.

X V I.

LES Colonels des régimens incorporés, feront entretenus en qualité de Colonels réformés à la fuite des régimens dans lefquels ceux qu'ils commandoient auront été incorporés: ils y feront le fervice en cette qualité, fuivant le rang qu'avoit leur régiment avant l'incorporation, après les Colonels en pied & les Colonels-commandans; à l'exception de ceux defdits Colonels incorporés qui font Officiers généraux, que Sa Majefté veut bien difpenfer de tout fervice auxdits régimens: l'intention de Sa Majefté étant qu'il leur foit payé par mois, favoir, aux fieurs Comtes de Saint-Germain & de Lowendal, mille livres; & aux fieurs Comte de Lewenhaupt & Baron de Bergh, cinq cens foixante livres auffi par mois, jufqu'à ce qu'ils foient remplacés.

X V I I.

LES Lieutenans-colonels des régimens incorporés,

feront entretenus en qualité de Lieutenans - colonels réformés à la fuite des régimens dans lefquels ceux où ils fervoient feront incorporés; ils y feront le fervice en cette qualité après les Lieutenans-colonels en pied, & ils conferveront les appointemens dont ils jouiffent actuellement, & les gratifications attachées à leurs charges jufqu'à ce qu'ils foient remplacés.

Il en fera ufé de même pour les Commandans de bataillon des régimens incorporés, ils feront entretenus réformés à la fuite des régimens où leur régiment aura été incorporé, y feront le fervice en leur qualité, après les Commandans de bataillon en pied, & ils conferveront leurs appointemens jufqu'à leur remplacement.

X V I I I.

LES Majors des cinq régimens incorporés prendront des compagnies, & marcheront dans les Corps où ils feront incorporés, fuivant le rang de leur commiffion de Capitaine en fecond.

X I X.

IL fera affigné pour chacun des fept régimens d'Infan-terie Allemande un quartier d'affemblée pour y recevoir les recrues de chaque régiment pendant toute l'année. Les régimens choifiront la place frontière où ils voudront l'établir.

Et pour ne diftraire aucun des Officiers, Sergens & Caporaux qui compofent chaque bataillon, Sa Majefté entretiendra à la fuite de chaque régiment un Capitaine, un Lieutenant, un Sous-lieutenant, quatre Sergens, & huit Caporaux furnuméraires qui ne feront attachés à aucune compagnie, & n'auront aucun rang dans le Corps.

L'intention de Sa Majefté eft que ces Officiers & Bas-officiers foient uniquement deftinés au travail des recrues, & qu'ils foient fufceptibles des mêmes graces que ceux qui ferviront dans les régimens.

X X.

IL fera payé par jour à chacun de ces Capitaines recruteurs, quatre livres fix fols huit deniers; cinquante sols à chaque Lieutenant, trente-trois sols quatre deniers à chaque Sous-lieutenant, vingt sols à chaque Sergent, & quinze sols à chaque Caporal; se réservant Sa Majesté de leur accorder chaque année des gratifications, si sur le compte que lui en rendra l'Inspecteur d'Infanterie Allemande, Elle voit qu'ils ont travaillé avec le zèle qu'Elle a lieu d'en attendre.

X X I.

L'INTENTION de Sa Majesté est que les compagnies qui resteront à remplir après que les Colonels-commandans des régimens conservés, & les Majors des régimens incorporés en seront pourvûs, soient données à des Capitaines en second.

Les Capitaines recruteurs seront choisis parmi les Capitaines en pied & les Capitaines en second, tant qu'il y en aura.

Les Lieutenans en pied seront choisis parmi les premiers Lieutenans, & s'il reste quelques Lieutenances vacantes, elles seront données aux plus anciens des seconds Lieutenans.

Les places de Sous-lieutenans seront remplies par les seconds Lieutenans qui resteront à placer, & s'il y en avoit encore de vacantes, elles seront données aux plus anciens des Lieutenans en second.

Les Lieutenans & les Sous-lieutenans qui doivent être employés aux recrues, seront choisis parmi les Lieutenans ou Lieutenans en second: L'intention de Sa Majesté étant que sans avoir égard à leur ancienneté, on y destine ceux qui seront les plus intelligens & les plus propres à ce travail.

X X I I.

LES Capitaines en second qui resteront sans emploi, seront entretenus comme Capitaines réformés à la suite des compagnies auxquelles ils sont attachés, aux appointemens de quatre-vingt-dix livres par mois, & subordonnés à tout Capitaine, & même aux Capitaines-lieutenans.

Les Lieutenans en second qui resteront sans emploi,

feront entretenus comme Lieutenans réformés, aux appointemens de cinquante livres par mois.

L'intention de Sa Majesté est que ces Capitaines & Lieutenans réformés, faffent le fervice fuivant le rang des compagnies auxquelles ils font attachés.

Veut Sa Majesté qu'il ne foit propofé pour remplir des places de Capitaines-lieutenans, lorfqu'il en vaquera, que des Capitaines en fecond réformés, tant qu'il en exiftera, & aux places de Sous-lieutenans qui viendront à vaquer, que des Lieutenans réformés, jufqu'à leur extinction.

X X I I I.

OUTRE la folde ci-deffus réglée pour les régimens d'Infanterie Allemande, il fera établi une Maffe de quatre livres dix fols par homme par mois, laquelle fera payée fur le pied complet de chaque compagnie, à tel nombre qu'elle paffe aux revûes des Commiffaires des guerres : L'intention de Sa Majesté étant que fur lefdites quatre livres dix fols de Maffe, il y ait une livre dix fols affectée uniquement à l'entretien du Soldat, & les trois livres reftant, feront affectées particulièrement à l'habillement, l'équipement & à l'armement. Les Commandans des Corps feront refponfables de cette Maffe, dont la propriété appartiendra au Capitaine ; & s'il arrivoit que par un défaut d'économie elle ne fuffît pas, le Capitaine fera obligé d'y fuppléer, même avec fes appointemens : L'intention de Sa Majesté étant que les Commandans des Corps répondent perfonnellement des dettes qui feront contractées relativement à cet objet. Si au contraire il y a du revenant-bon, il appartiendra au Capitaine ; & fur le compte qui en fera rendu à l'Infpecteur, il en ordonnera la main-levée au profit du Capitaine, après cependant que chaque régiment aura une année de Maffe en Caiffe.

Maffe pour l'habillement.

X X I V.

IL fera auffi établi une Maffe de deux mille livres par an par compagnie de Grenadiers & de Fufiliers, pour fervir,

Maffe pour les Recrues.

tant à la levée des recrues, que pour le rengagement des anciens Soldats ; laquelle Masse Sa Majesté fera payer chaque mois avec la solde, ainsi que la Masse de l'habillement, ou par des Rescriptions sur le Tréforier du département où fera l'entrepôt général des recrues de chaque régiment.

X X V.

Gratifications pour le complet par mois.

L'INTENTION de Sa Majesté est qu'il soit payé de plus à la fin de chaque mois, par forme de gratification, à chaque Capitaine, vingt sols par homme sur le pied complet, à tel nombre que se trouve sa compagnie à la revûe ; au moyen de laquelle somme le Capitaine fera chargé de la réparation des armes, de fournir de poudre à poudrer, de craie, &c. & de payer le Chirurgien de la compagnie, Sa Majesté voulant bien que ce Chirurgien soit compris dans le nombre des Soldats.

X X V I.

Gratifications pour le complet par an.

SA MAJESTÉ voulant que le travail des recrues en commun, ne dispense pas les Capitaines de faire des recrues par eux-mêmes, son intention est que les hommes qu'ils feront, leur soient payés sur l'ordre du Commandant du Corps, des fonds destinés aux Recrues, & qu'il soit payé le premier Janvier de chaque année à chaque Capitaine, une gratification de vingt livres pour chaque ancien Soldat qu'il aura rengagé par lui-même, & de dix livres pour chaque homme de recrue qu'il aura fait aussi lui-même ; laquelle gratification lui fera payée par le Tréforier, sur le certificat du Commandant du Corps, visé par l'Inspecteur, qui en fera la vérification lors de sa revûe.

A l'égard des Capitaines de Grenadiers, quoiqu'ils tirent leurs remplacemens des compagnies de Fusiliers, Sa Majesté leur fera payer le premier Janvier de chaque année, une gratification de trois cens livres.

X X V I I.

Fourrages.

LORSQUE Sa Majesté fera fournir du fourrage à ses Troupes de ses magasins, son intention est qu'il en soit fourni aux régimens Allemands, fur le pied de quatre rations à chaque Capitaine de Grenadiers ou de Fuſiliers, pareilles quatre rations à chaque Capitaine - lieutenant, deux rations à chaque Lieutenant ou Sous - lieutenant : Et pour l'État - major, ſix rations à chaque Colonel ou Colonel-commandant, trois au Lieutenant-colonel, deux à chaque Commandant de bataillon, cinq au Major, quatre à chaque Aide-major, trois à chaque Sous-aide-major, deux à chaque Enſeigne-porte-drapeaux, une à chacun des Aumônier, Chirurgien & Prevôt, ſix à chaque Colonel réformé, quatre à chaque Lieutenant-colonel réformé, quatre à chaque Commandant de bataillon réformé, trois à chaque Capitaine réformé, & deux à chaque Lieutenant réformé, attendu qu'ils ont un ſervice journalier au Corps.

X X V I I I.

AU moyen du traitement réglé par la préſente ordonnance, il ne ſera payé aux régimens Allemands, ni argent d'étape aux recrues, ni payes de gratification, ni les gratifications dont les Officiers ſupérieurs jouiſſoient en vertu de leur charge ; à la réſerve des Majors des régimens conſervés, qui continueront de jouir de la gratification annuelle attachée à leurs charges.

X X I X.

L'INTENTION de Sa Majeſté eſt que lorſque les régimens d'Infanterie Allemande ſeront compoſés ſur le pied preſcrit par la préſente ordonnance, les Commandans de bataillon prennent rang ſuivant la date de leurs ordres de Commandans de bataillon.

Rang.

Que tous les Capitaines en pied prennent rang entre eux du jour de la date de leur commiſſion de Capitaine en ſecond dans les régimens auxquels ils ſont attachés, ſans avoir égard aux lettres en vertu deſquelles ils ont été pourvûs de compagnies, ou aux commiſſions que Sa Majeſté auroit accordé à quelques - uns pour tenir rang de Capitaines en pied.

X X X.

SA MAJESTÉ continuera de donner le rang de Capitaine à ceux des Aides-majors qui, après avoir rempli pendant plusieurs années les fonctions de leurs emplois, auront mérité cette grace par leur zèle & leur application.

X X X I.

LES Sous-aides-majors qui auront été choisis parmi les Sous-lieutenans, auront rang de Lieutenant du jour de la date de leurs brevêts, & commanderont en conséquence à tous les Sous-lieutenans, & aux Lieutenans moins anciens qu'eux.

X X X I I.

LES Enseignes-porte-drapeaux ne pourront être tirés que du corps des Sergens, ils auront rang de derniers Sous-lieutenans, & seront reçûs à l'Hôtel royal des Invalides en qualité d'Officier, lorsqu'ils auront rempli cette place pendant cinq ans, & qu'ils auront d'ailleurs les services requis.

X X X I I I.

LES Sergens & Caporaux seront choisis parmi les Soldats qui auront montré le plus de talens & d'intelligence; mais les places d'Appointés seront toûjours données aux plus anciens sujets.

X X X I V.

LE Tambour-major aura rang de Sergent, & jouira des mêmes droits & prérogatives que tous les autres Sergens.

X X X V.

POUR que les payemens puissent se faire avec la plus grande exactitude aux Marchands fournisseurs des régimens, veut & entend Sa Majesté que l'Inspecteur donne main-levée de la Masse tous les deux mois.

X X X V I.

Police pour la Masse des Recrues.

SA MAJESTÉ ayant prescrit par l'article XXIV, qu'il seroit établi une Masse de deux mille livres par compagnie pour les recrues; & voulant prévenir les abus qui pourroient se commettre, & être instruite du bon uſage de ces deux mille livres, ſon intention eſt qu'il ſoit formé deux regiſtres ſuivant le modèle joint à la préſente ordonnance, dont l'un demeurera au corps, & l'autre ſera entre les mains du Capitaine recruteur; chacun de ces regiſtres ſera paraphé par première & dernière feuille. On y inſcrira en préſence du Commiſſaire des guerres, les engagemens des Soldats de recrue, ce qu'ils auront coûté d'engagement, la ſomme qui leur aura été promiſe, celle qui leur aura été payée à compte juſqu'au jour de leur arrivée au quartier d'aſſemblée, le Commiſſaire & l'Officier recruteur ſigneront au bas de chaque feuille. Voulant Sa Majeſté qu'il ſoit délivré des engagemens uniformes dans tous les régimens d'Infanterie Allemande, ſur leſquels feront marqués les engagemens & rengagemens qui auront été donnés aux Soldats & ce qui leur aura été diſtribué en petite monture avec la date des jours que ces fournitures auront été faites.

X X X V I I.

LES recrues ſeront réparties ſur le champ dans les compagnies, ſur les ordres du Commandant du Corps qui aura attention de les donner à l'Officier recruteur tous les cinq jours, dans quelque éloignement qu'il puiſſe ſe trouver du quartier d'aſſemblée. La ſubſiſtance leur ſera payée par à-comptes, & ils ſerviront au complet des compagnies; enjoignant Sa Majeſté aux Commiſſaires des guerres, qui ſeront chargés de la police de ces recrues, d'envoyer régulièrement chaque mois, l'extrait de leurs revûes au Commiſſaire des guerres qui aura la police du régiment.

X X X V I I I.

LES hommes qui déſerteront du quartier d'aſſemblée, feront dénoncés ſur le champ aux Commiſſaires des guerres, qui certifiera la déſertion dans la colonne des obſervations.

X X X I X.

S'IL déſerte des Soldats de recrue hors du quartier général, il n'en ſera tenu compte à l'Officier ou Sergent qui les auront engagés que fur un certificat des Maire, Echevins, Baillis ou Syndics du lieu où ces hommes auront été engagés, & qui auront dû figner & certifier l'engagement pour qu'il foit valable, & en ce cas l'engagement & le certificat feront enregiftrés fur les regiftres de recrues, & l'enregiftrement fera vifé du Commiffaire des guerres; il en fera ufé de même à l'égard de ceux qui mourront, en obfervant de joindre leur extrait mortuaire au regiftre.

X L.

LES recrues qui partiront du quartier d'affemblée pour aller joindre leurs régimens, marcheront fur des routes que Sa Majefté leur fera expédier pour le fimple logement, & fur lefquelles ils ne recevront point l'étape; mais il leur fera payé, pendant qu'ils feront en route, un fol d'augmentation de folde qui fera pris fur le fonds des recrues. L'Officier conducteur de chaque recrue fera porteur d'un extrait exact & détaillé du regiftre contenant l'état de la recrue qu'il conduira, dans la même forme dont le regiftre doit être tenu ; cet extrait fera certifié par le Commiffaire des guerres & figné par les Officiers-majors de la place d'où partira la recrue.

X L I.

A l'arrivée de chaque recrue au régiment, cet extrait fera enregiftré en préfence du Commiffaire des guerres qui en aura la police, dans le regiftre du régiment, en y faifant mention des hommes qui auront refté aux hôpitaux de la route ou qui auront déferté en marche; l'intention de Sa Majefté étant que l'Officier conducteur en informe chaque jour le Capitaine recruteur, qui fera tenu de le porter fur fon regiftre afin que les deux regiftres foient toûjours abfolument conformes.

X L I I.

LES anciens Soldats qui fe rengageront, feront pareillement portés fur le regiftre, en y faifant l'obfervation que ce font des anciens Soldats.

X L I I I.

A chaque revûe d'Infpecteur il fera fait un état détaillé, conforme au regiftre, pour juftifier la dépenfe de
l'année & connoître fi elle excède la recette ou s'il y a
du bénéfice.

X L I V.

L'INTENTION de Sa Majefté eft que la Maffe des recrues
n'appartienne point aux Capitaines en particulier, mais
qu'elle appartienne à tout le Corps en général, & que
l'excédant de la dépenfe ou le bénéfice de chaque année
foit fouftrait du fonds de l'année fuivante, & que le bénéfice, s'il y en a, foit réfervé en Maffe particulière dont
on ne pourra difpofer en aucune manière fans les ordres
du Secrétaire d'État de la guerre, fur le rapport de
l'Infpecteur.

X L V.

VEUT Sa Majefté qu'à l'avenir les Capitaines réformés
& les Officiers fubalternes qui s'abfenteront par femeftre
ou par congé pour aller chez eux, foient tenus de faire
deux hommes qui leur feront payés du fonds des recrues;
l'intention de Sa Majefté étant qu'il foit retenu quatre-
vingt-dix livres fur les appointemens de ceux defdits Officiers qui n'auront point fait d'hommes, lefquels quatre-
vingt-dix livres feront jointes à la Maffe des recrues.

X L V I.

VEUT auffi Sa Majefté qu'il en foit ufé de même pour
les recrues venant de l'établiffement fait en Allemagne,
& qu'elles foient payées fur le produit de la Maffe des
recrues.

X L V I I.

S'IL arrive que dans quelques actions de guerre,
quelqu'un des régimens Allemands fouffre des pertes
confidérables, Sa Majefté accordera à ce régiment des
gratifications proportionnées au nombre d'hommes qu'il
aura perdu; mais fon intention eft que les gratifications
qu'Elle accordera foient jointes à la Maffe des recrues,
pour accélérer le rétabliffement du régiment.

XLVIII.

SA MAJESTÉ voulant favorablement traiter les régimens de son Infanterie Allemande, & les mettre en état d'acquitter leurs dettes, les fera payer par forme de gratification sur le pied complet, jusqu'au jour que la composition prescrite par la présente ordonnance aura lieu. L'intention de Sa Majesté est que le produit qui en proviendra n'appartienne à aucun Capitaine en particulier, mais qu'il soit en totalité affecté au payement des dettes.

XLIX.

L'INTENTION de Sa Majesté est que les régimens Allemands soient payés sur le pied de leur nouvelle composition, & qu'ils reçoivent le traitement réglé par la présente ordonnance, à commencer du premier du mois de Mars prochain.

MANDE & ordonne Sa Majesté aux Maréchaux de France commandant ses armées, aux Officiers généraux ayant commandement sur ses troupes, aux Gouverneurs & Lieutenans généraux dans ses provinces, aux Gouverneurs de ses villes & places, à l'Inspecteur général de son Infanterie Allemande, aux Intendans dans ses provinces, aux armées & sur ses frontières, aux Commissaires des guerres, & à tous autres ses Officiers qu'il appartiendra, de tenir la main à l'exécution de la présente ordonnance. FAIT à Versailles le dix-huit janvier mil sept cent soixante. *Signé* LOUIS. *Et plus bas,* LE M.^{AL} DUC DE BELLE-ISLE.

Registre pour les Recrues du régiment d'Infanterie Allemande d

Année 1760.

Numéro.	NOMS des HOMMES DE RECRUE.	SIGNALEMENS.	SOMMES qui leur ont été prom...	SOMMES qu'ils ont reçûes à compte.	FRAIS D'EMBAUCHAGE, DE CABARET & COCARDES.	TOTAL de ce que chaque homme coûte.	OBSERVATIONS.

*É*TAT *des Effets qui ont été fournis aux Recrues d'autre par[t]
& qui font à précompter fur la Maffe.*

Numéro.	NOMS DES SOLDATS.	EFFETS FOURNIS.	PRIX DES EFFETS.

RÉCAPITULATION.

L'argent des Recrues de l'année 176 fe monte à la fomme de . . . . o^l   o^f   o^d

Sur quoi il a été débourfé, fuivant le détail des autres parts . . . . o.   o.   o.

Refte en bénéfice ou redoit. . . . . o.   o.   o.

Laquelle fomme fera reportée fur le Regiftre de l'année 176 .